This Book
Belongs To:

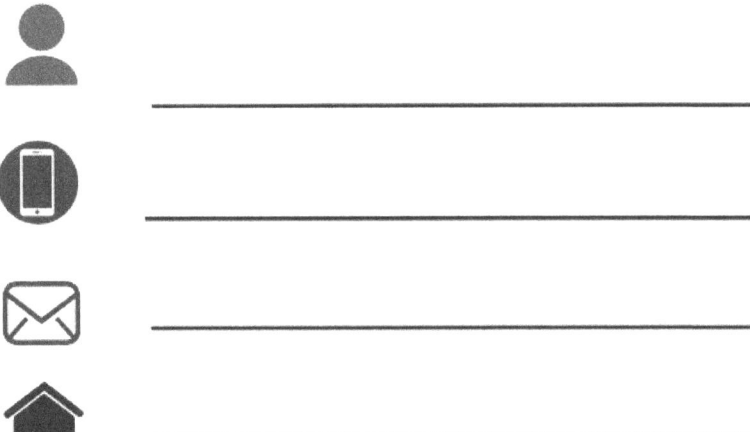

_____

_____

_____

_____

2020

January

S	M	T	W	T	F	S
			1	2	3	4
5	6	7	8	9	10	11
12	13	14	15	16	17	18
19	20	21	22	23	24	25
26	27	28	29	30	31	

February

S	M	T	W	T	F	S
						1
2	3	4	5	6	7	8
9	10	11	12	13	14	15
16	17	18	19	20	21	22
23	24	25	26	27	28	29

March

S	M	T	W	T	F	S
1	2	3	4	5	6	7
8	9	10	11	12	13	14
15	16	17	18	19	20	21
22	23	24	25	26	27	28
29	30	31				

April

S	M	T	W	T	F	S
			1	2	3	4
5	6	7	8	9	10	11
12	13	14	15	16	17	18
19	20	21	22	23	24	25
26	27	28	29	30		

May

S	M	T	W	T	F	S
					1	2
3	4	5	6	7	8	9
10	11	12	13	14	15	16
17	18	19	20	21	22	23
24	25	26	27	28	29	30
31						

June

S	M	T	W	T	F	S
	1	2	3	4	5	6
7	8	9	10	11	12	13
14	15	16	17	18	19	20
21	22	23	24	25	26	27
28	29	30				

July

S	M	T	W	T	F	S
			1	2	3	4
5	6	7	8	9	10	11
12	13	14	15	16	17	18
19	20	21	22	23	24	25
26	27	28	29	30	31	

August

S	M	T	W	T	F	S
						1
2	3	4	5	6	7	8
9	10	11	12	13	14	15
16	17	18	19	20	21	22
23	24	25	26	27	28	29
30	31					

September

S	M	T	W	T	F	S
		1	2	3	4	5
6	7	8	9	10	11	12
13	14	15	16	17	18	19
20	21	22	23	24	25	26
27	28	29	30			

October

S	M	T	W	T	F	S
				1	2	3
4	5	6	7	8	9	10
11	12	13	14	15	16	17
18	19	20	21	22	23	24
25	26	27	28	29	30	31

November

S	M	T	W	T	F	S
1	2	3	4	5	6	7
8	9	10	11	12	13	14
15	16	17	18	19	20	21
22	23	24	25	26	27	28
29	30					

December

S	M	T	W	T	F	S
		1	2	3	4	5
6	7	8	9	10	11	12
13	14	15	16	17	18	19
20	21	22	23	24	25	26
27	28	29	30	31		

Date	Purpose of Travel	Odometer Start | Finish	Total Miles	Notes

Date	Purpose of Travel	Odometer Start	Finish	Total Miles	Notes

Date	Purpose of Travel	Odometer Start | Finish	Total Miles	Notes

Date	Purpose of Travel	Odometer Start | Finish	Total Miles	Notes

Date	Purpose of Travel	Odometer Start | Finish	Total Miles	Notes

Date	Purpose of Travel	Odometer Start | Finish	Total Miles	Notes

Date	Purpose of Travel	Odometer Start | Finish	Total Miles	Notes

Date	Purpose of Travel	Odometer Start | Finish	Total Miles	Notes

Date	Purpose of Travel	Odometer Start	Finish	Total Miles	Notes

Date	Purpose of Travel	Odometer Start | Finish	Total Miles	Notes

Date	Purpose of Travel	Odometer Start | Finish	Total Miles	Notes

Date	Purpose of Travel	Odometer Start | Finish	Total Miles	Notes

Date	Purpose of Travel	Odometer Start | Finish	Total Miles	Notes

Date	Purpose of Travel	Odometer Start	Finish	Total Miles	Notes

Date	Purpose of Travel	Odometer Start | Finish	Total Miles	Notes

Date	Purpose of Travel	Odometer Start | Finish	Total Miles	Notes

Date	Purpose of Travel	Odometer Start | Finish	Total Miles	Notes

Date	Purpose of Travel	Odometer Start | Finish	Total Miles	Notes

Date	Purpose of Travel	Odometer Start | Finish	Total Miles	Notes

Date	Purpose of Travel	Odometer Start | Finish	Total Miles	Notes

Date	Purpose of Travel	Odometer Start | Finish	Total Miles	Notes

Date	Purpose of Travel	Odometer Start | Finish	Total Miles	Notes

Date	Purpose of Travel	Odometer Start | Finish	Total Miles	Notes

Date	Purpose of Travel	Odometer Start | Finish	Total Miles	Notes

Date	Purpose of Travel	Odometer Start | Finish	Total Miles	Notes

Date	Purpose of Travel	Odometer Start | Finish	Total Miles	Notes

Date	Purpose of Travel	Odometer Start | Finish	Total Miles	Notes

Date	Purpose of Travel	Odometer Start | Finish	Total Miles	Notes

Date	Purpose of Travel	Odometer Start | Finish	Total Miles	Notes

Date	Purpose of Travel	Odometer Start | Finish	Total Miles	Notes

Date	Purpose of Travel	Odometer Start | Finish	Total Miles	Notes

Date	Purpose of Travel	Odometer Start | Finish	Total Miles	Notes

Date	Purpose of Travel	Odometer Start | Finish	Total Miles	Notes

Date	Purpose of Travel	Odometer Start | Finish	Total Miles	Notes

Date	Purpose of Travel	Odometer Start | Finish	Total Miles	Notes

Date	Purpose of Travel	Odometer Start | Finish	Total Miles	Notes

Date	Purpose of Travel	Odometer Start | Finish	Total Miles	Notes

Date	Purpose of Travel	Odometer Start | Finish	Total Miles	Notes

Date	Purpose of Travel	Odometer Start | Finish	Total Miles	Notes

Date	Purpose of Travel	Odometer Start | Finish	Total Miles	Notes

Date	Purpose of Travel	Odometer Start | Finish	Total Miles	Notes

Date	Purpose of Travel	Odometer Start | Finish	Total Miles	Notes

Date	Purpose of Travel	Odometer Start | Finish	Total Miles	Notes

Date	Purpose of Travel	Odometer Start | Finish	Total Miles	Notes

Date	Purpose of Travel	Odometer Start | Finish	Total Miles	Notes

Date	Purpose of Travel	Odometer Start | Finish	Total Miles	Notes

Date	Purpose of Travel	Odometer Start | Finish	Total Miles	Notes

Date	Purpose of Travel	Odometer Start | Finish	Total Miles	Notes

Date	Purpose of Travel	Odometer Start | Finish	Total Miles	Notes

Date	Purpose of Travel	Odometer Start | Finish	Total Miles	Notes

Date	Purpose of Travel	Odometer Start | Finish	Total Miles	Notes

Date	Purpose of Travel	Odometer Start | Finish	Total Miles	Notes

Date	Purpose of Travel	Odometer Start | Finish	Total Miles	Notes

Date	Purpose of Travel	Odometer Start | Finish	Total Miles	Notes

Date	Purpose of Travel	Odometer Start | Finish	Total Miles	Notes

Date	Purpose of Travel	Odometer Start | Finish	Total Miles	Notes

Date	Purpose of Travel	Odometer Start | Finish	Total Miles	Notes

Date	Purpose of Travel	Odometer Start | Finish	Total Miles	Notes

Date	Purpose of Travel	Odometer Start | Finish	Total Miles	Notes

Date	Purpose of Travel	Odometer Start | Finish	Total Miles	Notes

Date	Purpose of Travel	Odometer Start | Finish	Total Miles	Notes

Date	Purpose of Travel	Odometer Start | Finish	Total Miles	Notes

Date	Purpose of Travel	Odometer Start | Finish	Total Miles	Notes

Date	Purpose of Travel	Odometer Start | Finish	Total Miles	Notes

Date	Purpose of Travel	Odometer Start | Finish	Total Miles	Notes

Date	Purpose of Travel	Odometer Start | Finish	Total Miles	Notes

Date	Purpose of Travel	Odometer Start | Finish	Total Miles	Notes

Date	Purpose of Travel	Odometer Start | Finish	Total Miles	Notes

Date	Purpose of Travel	Odometer Start | Finish	Total Miles	Notes

Date	Purpose of Travel	Odometer Start | Finish	Total Miles	Notes

Date	Purpose of Travel	Odometer Start | Finish	Total Miles	Notes

Date	Purpose of Travel	Odometer Start | Finish	Total Miles	Notes

Date	Purpose of Travel	Odometer Start | Finish	Total Miles	Notes

Date	Purpose of Travel	Odometer Start	Finish	Total Miles	Notes

Date	Purpose of Travel	Odometer Start | Finish	Total Miles	Notes

Date	Purpose of Travel	Odometer Start | Finish	Total Miles	Notes

Date	Purpose of Travel	Odometer Start | Finish	Total Miles	Notes

Date	Purpose of Travel	Odometer Start | Finish	Total Miles	Notes

Date	Purpose of Travel	Odometer Start | Finish	Total Miles	Notes

Date	Purpose of Travel	Odometer Start | Finish	Total Miles	Notes

Date	Purpose of Travel	Odometer Start | Finish	Total Miles	Notes

Date	Purpose of Travel	Odometer Start | Finish	Total Miles	Notes

Date	Purpose of Travel	Odometer Start | Finish	Total Miles	Notes

Date	Purpose of Travel	Odometer Start | Finish	Total Miles	Notes

Date	Purpose of Travel	Odometer Start | Finish	Total Miles	Notes

Date	Purpose of Travel	Odometer Start | Finish	Total Miles	Notes

Date	Purpose of Travel	Odometer Start | Finish	Total Miles	Notes

Date	Purpose of Travel	Odometer Start | Finish	Total Miles	Notes

Date	Purpose of Travel	Odometer Start | Finish	Total Miles	Notes

Date	Purpose of Travel	Odometer Start | Finish	Total Miles	Notes

Date	Purpose of Travel	Odometer Start | Finish	Total Miles	Notes

Date	Purpose of Travel	Odometer Start | Finish	Total Miles	Notes

Date	Purpose of Travel	Odometer Start | Finish	Total Miles	Notes

Date	Purpose of Travel	Odometer Start | Finish	Total Miles	Notes

Date	Purpose of Travel	Odometer Start | Finish	Total Miles	Notes

www.ingramcontent.com/pod-product-compliance
Lightning Source LLC
Chambersburg PA
CBHW081011170526
45158CB00010B/3003